i miei adesivi:

i miei adesivi:

i miei adesivi:

i miei adesivi:

i miei adesivi:

i miei adesivi:

i miei adesivi:

i miei adesivi:

i miei adesivi:

i miei adesivi:

i miei adesivi:

i miei adesivi:

i miei adesivi:

i miei adesivi:

i miei adesivi:

i miei adesivi:

i miei adesivi:

i miei adesivi:

i miei adesivi:

i miei adesivi:

i miei adesivi:

i miei adesivi:

i miei adesivi:

i miei adesivi:

i miei adesivi:

i miei adesivi:

i miei adesivi:

i miei adesivi:

i miei adesivi:

i miei adesivi:

i miei adesivi:

i miei adesivi:

i miei adesivi:

i miei adesivi:

i miei adesivi:

i miei adesivi:

i miei adesivi:

i miei adesivi:

i miei adesivi: